Grégoire Thonnat

LE PETIT QUIZZ DES COMPAGNONS DE LA LIBÉRATION

ÉDITIONS PIERRE DE TAILLAC

À la mémoire des compagnons de la Libération
et des médaillés de la Résistance française.

*« Il n'existe pas, dans les Forces françaises libres,
de plus haute distinction que la croix de la Libération,
et tous ceux à qui elle est décernée, du général au simple soldat,
deviennent pour la vie des Compagnons. »*

Charles de Gaulle, 1942.

Éditions Pierre de Taillac, 74 rue du Rocher, 75008 Paris

SOMMAIRE

Le général de Gaulle institue l'Ordre de la Libération le 16 novembre 1940. Il est le deuxième Ordre national français après la Légion d'honneur. Il qualifiera les 1 038 compagnons de la Libération de « chevalerie exceptionnelle créée au moment le plus grave de l'histoire de France ». Cinq communes et dix-huit unités militaires ont également reçu la croix de la Libération.
Mais les compagnons de la Libération ne sont pas tous les résistants. De la Résistance ils ne sont pas une hiérarchie, ils sont l'emblème, le symbole de la Libération.
Le général crée le 9 février 1943 la médaille de la Résistance française, pour reconnaître les actes remarquables de foi et de courage, et la rattache à l'Ordre de la Libération.

Soyons persuadés que l'esprit d'une nation se nourrit de vies exemplaires, et que dans l'histoire récente de notre nation, il n'y a pas d'engagements plus exemplaires que ceux des Compagnons et des médaillés.
L'Ordre de la Libération a pour mission de transmettre les valeurs qui ont animé les Compagnons et médaillés à tous les Français et principalement aux jeunes générations.
Ce « Petit Quizz » participe à cette transmission en donnant envie aux familles de venir au musée de l'Ordre de la Libération.

Général de division (2s) Christian Baptiste
Délégué national de l'Ordre de la Libération

Pour aller plus loin

Ouvrages de référence

Dictionnaire des compagnons de la Libération de Vladimir Trouplin, Éditions Elytis, 2010.
Le dictionnaire de référence avec les biographies de tous les compagnons de la Libération et la présentation des communes et des unités Compagnons.

Les Compagnons de l'ombre. Les Services spéciaux face à l'histoire 1940-1945 sous la direction de Nathalie Genet-Rouffiac et Vladimir Trouplin, Histoire et collections, 2020. Ce livre, partenariat entre l'Ordre de la Libération et la DGSE, retrace en détail le parcours des cinquante compagnons de la Libération du BCRA décédés en service.

Questions-réponses sur les compagnons de la Libération

QUI SONT LES COMPAGNONS DE LA LIBÉRATION ?

Ce sont 1 038 femmes et hommes, 18 unités combattantes et 5 communes auxquels a été décernée la plus prestigieuse décoration française de la Seconde Guerre mondiale : la croix de la Libération.

QU'EST-CE QUE L'ORDRE DE LA LIBÉRATION ?

C'est le deuxième ordre national après celui de la Légion d'honneur. Il est institué en novembre 1940 par le général de Gaulle, alors chef de la France libre, afin de récompenser « les personnes ou les collectivités militaires et civiles qui se seront signalées dans l'œuvre de la libération de la France et de son Empire ». L'Ordre de la Libération ne comporte qu'un seul titre, celui de Compagnon, et qu'un seul insigne, la croix de la Libération.

Quelle est la devise de l'ordre de la Libération ?

Patriam servando victoriam tulit :
En servant la Patrie, il a remporté la Victoire.

Dans quelles circonstances est créé l'Ordre de la Libération ?

C'est le 16 novembre 1940 à Brazzaville au Congo, alors colonie française, que le général de Gaulle crée l'Ordre de la Libération. Il naît avec les premières institutions de la France libre. Cet acte régalien concourt à affirmer la légitimité du Général face au régime de Vichy, alors que les combattants de la France libre connaissent leurs premiers morts.

Comment devient-on compagnon de la Libération ?

Pour l'attribution de la croix de la Libération, on prend généralement en compte la précocité de l'engagement, les conditions difficiles de ralliement et des actions d'éclat marquantes. Les Compagnons sont nommés exclusivement par le général de Gaulle sur avis du conseil de l'Ordre de la Libération. Très peu de résistants deviennent Compagnons. Leur petit nombre souligne la valeur exemplaire de leur engagement.

QUELLES PAROLES RITUELLES LES RÉCIPIENDAIRES DE LA CROIX DE LA LIBÉRATION ENTENDENT-ILS LORS DE LA REMISE DE LEUR DÉCORATION ?

« Nous vous reconnaissons comme notre Compagnon
pour la Libération de la France dans l'honneur
et par la victoire. »

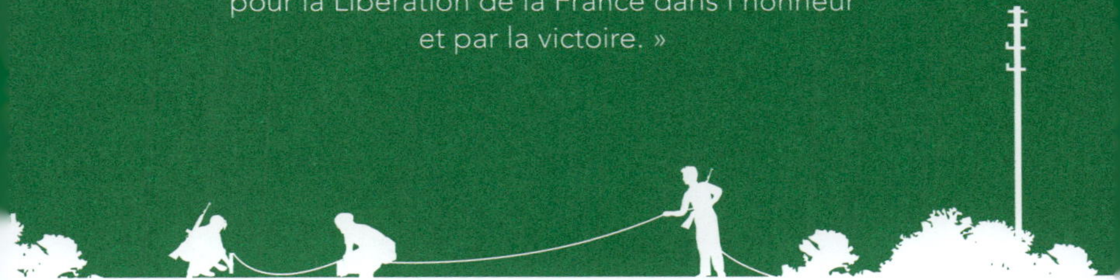

QUELLES SONT LES ORIGINES SOCIALES DES COMPAGNONS DE LA LIBÉRATION ?

Les Compagnons ne forment pas un groupe homogène. Ils sont d'origine sociale, politique ou religieuse variée. Si un grand nombre sont des militaires (45 %), on trouve cependant dans leurs rangs des étudiants, des ouvriers, des ingénieurs, des paysans, des hommes de lettres, des diplomates, des membres du clergé…

QU'EST-CE QUI CARACTÉRISE LES COMPAGNONS DE LA LIBÉRATION ?

Ce sont des « pionniers de la Résistance » :
76 % d'entre eux entrent en résistance
durant l'année 1940 et 91 % s'engagent avant 1942.

Quelle est la spécificité des Compagnons de la Libération par rapport à la population française de l'époque ?

Leur niveau d'éducation. En effet, 51 % des Compagnons ont leur baccalauréat alors que, à la veille de la guerre, un peu moins de 10 % des Français ont obtenu ce diplôme.

QU'EST-CE QUE LA FRANCE LIBRE ?

La France libre est créée en juin 1940 par le général de Gaulle afin de poursuivre la guerre, libérer la France et lui rendre son rang. Elle démarre avec des moyens très limités, mais le ralliement des premiers territoires d'Afrique équatoriale en août 1940 lui donne une première assise territoriale. En juin 1943, la France libre devient le Comité français de la Libération nationale.

Qui est à l'origine du choix de la croix de Lorraine comme emblème de la France libre et de la Résistance ?

C'est en cherchant un symbole à opposer à celui de la croix gammée que l'amiral Muselier, tout juste nommé commandant des Forces navales françaises libres, propose la croix de Lorraine (d'où sa famille est originaire), le 3 juillet 1940. Cette croix, d'abord arborée sur les pavillons des bâtiments des FNFL, s'étend progressivement à l'ensemble de la France libre.

QUI A DIT À PROPOS DU GÉNÉRAL DE GAULLE ET DE SES COMPAGNONS : « *CES FRANÇAIS LIBRES ONT ÉTÉ CONDAMNÉS À MORT PAR VICHY, MAIS AUSSI SÛREMENT QUE LE SOLEIL SE LÈVERA DEMAIN, LE JOUR VIENDRA OÙ LEURS NOMS SERONT HONORÉS* » *[...]* ?

« *[...] où leurs noms seront gravés dans la pierre des villes et des villages d'une France dont la totale liberté et la gloire ancestrale auront été restaurées au sein d'une Europe libérée.* »
Winston Churchill, discours du 20 août 1940.

Il existe un cas inédit d'engagement collectif pour rejoindre la France libre. De quoi s'agit-il ?

C'est celui des 128 hommes de l'île de Sein en Bretagne qui, fin juin 1940, rejoignent l'Angleterre. Lorsque le général de Gaulle rencontre les premiers volontaires, les interrogeant sur leur origine, il est surpris par le nombre de Sénans, ce qui lui aurait fait dire : « *L'île de Sein, c'est donc le quart de la France.* » L'île de Sein est faite compagnon de la Libération en janvier 1946.

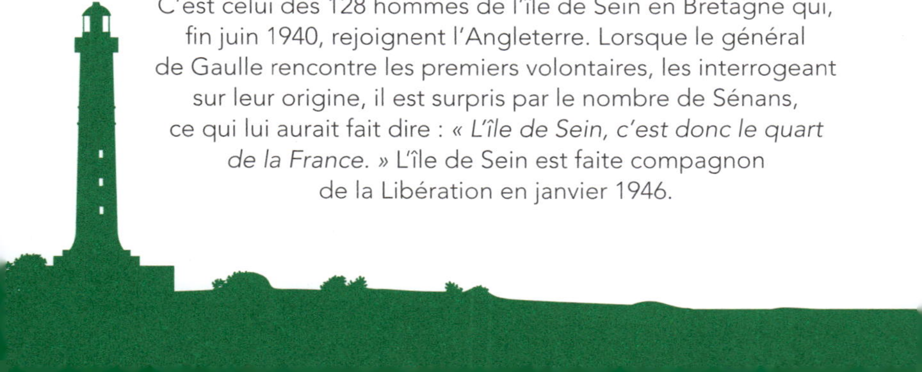

EN QUELS TERMES HUBERT GERMAIN, DERNIER DES COMPAGNONS DE LA LIBÉRATION, ÉVOQUE-T-IL SON DÉPART POUR L'ANGLETERRE LE 24 JUIN 1940 ?

« C'était un moment émouvant. Quand vous voyez disparaître les côtes françaises et que, à ce moment-là, vous avez réussi une partie du parcours et vous vous dites : reverrai-je un jour la France ? »

Quelle est l'histoire d'une des premières prises de guerre de la France libre ?

En juin 1940, Jean Simon et Pierre Messmer, deux jeunes officiers refusant l'Armistice, embarquent à Marseille à bord du *Capo Olmo*, un cargo italien qu'ils détournent pour rallier l'Angleterre. La vente de sa cargaison servira à payer les frais de fonctionnement de la France libre durant trois mois. Jean Simon et Pierre Messmer seront faits compagnons de la Libération en juin 1941.

À QUI DOIT-ON LE RALLIEMENT À LA FRANCE LIBRE DU PREMIER TERRITOIRE DE L'AFRIQUE COLONIALE FRANÇAISE ?

À Félix Éboué (1884-1944). Premier noir gouverneur d'une colonie française en 1936, ce Guyanais mène, avant-guerre, une belle carrière dans l'administration outremer. Le 26 août 1940, alors gouverneur du Tchad, il rallie la France libre. Nommé gouverneur général de l'Afrique équatoriale française, il met ces territoires au service de l'effort de guerre. Il est fait Compagnon le 29 janvier 1941.

QUELLES RAISONS MOTIVENT L'ENGAGEMENT DES COMPAGNONS DE LA LIBÉRATION ?

Pour l'immense majorité d'entre eux, l'amour de la France. Parmi les Compagnons, très peu ont entendu l'appel du 18 Juin, même parmi ceux partis en Angleterre. En revanche, la majorité entend le discours radiodiffusé du maréchal Pétain annonçant l'Armistice. C'est surtout en réaction à ce discours qu'ils décident de poursuivre le combat quoi qu'il arrive.

Quelles sont les 9 unités de l'Armée de terre Compagnon de la Libération et leurs unités héritières ?

Bataillon de marche n° 2 (dissous), 13e demi-brigade de Légion étrangère, bataillon d'infanterie de marine et du Pacifique (devenu régiment), régiment de marche du Tchad, 2e régiment d'infanterie coloniale (2e RIMa), 1er régiment d'artillerie coloniale (CFIM de la 9e BIMa), 1/3e régiment d'artillerie coloniale (3e RAMa), 501e régiment de chars de combat, 1er régiment de marche de spahis marocains (1er RS).

QU'EST-CE QUE LA 13E DBLE ?

Créée en 1940, la 13e demi-brigade de Légion étrangère participe à la campagne de Norvège. Repliés en Angleterre en juin 1940, plus d'un millier de ses hommes rallient le général de Gaulle et constituent ainsi le premier noyau des Forces françaises libres. La « 13 » s'illustre à de nombreuses reprises, notamment par la résistance héroïque de ses hommes lors de la bataille de Bir Hakeim, en juin 1942. L'unité compte 98 Compagnons dans ses rangs et elle est faite Compagnon le 6 avril 1945.

QUELLE EST LA PARTICULARITÉ D'UNE DES TOUTES PREMIÈRES VICTOIRES TERRESTRES REMPORTÉES PAR LES FORCES FRANÇAISES LIBRES ?

Le 2 janvier 1941, sur le site d'Umbrega à la frontière du Soudan et de l'Érythrée, le capitaine de spahis Paul Jourdier, qui fait face aux Italiens, mène alors la dernière charge de cavalerie de l'histoire de l'armée française. À la suite de ce fait d'armes victorieux, le capitaine Jourdier est fait compagnon de la Libération, le 1er février 1941.

Qu'est-ce que le serment de Koufra ?

Le 1er mars 1941, le futur général Leclerc enlève aux troupes italiennes l'oasis de Koufra, dans le sud de la Libye. À l'issue de cette victoire, il fait, avec ses hommes, ce serment historique qui marque le début d'une longue marche glorieuse : « *Jurez de ne déposer les armes que lorsque nos couleurs, nos belles couleurs, flotteront sur la cathédrale de Strasbourg.* » Leclerc et ses hommes libéreront Strasbourg le 23 novembre 1944.

Qui est le premier compagnon de la Libération ?

En fait, ils sont cinq nommés le 29 janvier 1941 : le capitaine de vaisseau Thierry d'Argenlieu (un moine), le gouverneur général Félix Éboué (un haut fonctionnaire guyanais), le lieutenant Emmanuel d'Harcourt (un aristocrate), l'adjudant Henri Bouquillard (un sous-officier de l'armée de l'air) et Edmond Popieul (un officier de marine marchande). Ils deviennent en même temps les premiers membres du conseil de l'Ordre de la Libération.

Qu'est-ce que la bataille de Bir Hakeim ?

Bir Hakeim est un point de défense du dispositif britannique face aux troupes italo-allemandes du général Rommel, situé dans le désert libyen. Il est tenu par la 1re brigade française libre du général Koenig. Du 27 mai au 11 juin 1942, cette position devient le centre de la bataille. La résistance héroïque des Français a un retentissement mondial. 172 Compagnons ont combattu à Bir Hakeim.

Que représentent les forces terrestres de la France libre durant le conflit ?

Constituées durant l'été 1940, elles ne comptent qu'environ 2 500 hommes au départ. Il faut attendre l'année 1943 pour qu'elles atteignent 50 000 hommes et qu'elles puissent mettre sur pied deux divisions de 15 000 hommes chacune : une division d'infanterie (1re DFL) et une division blindée (2e DB). Cinq unités de la 1re DFL et quatre de la 2e DB ont reçu la croix de la Libération.

Que sont les FNFL ?

Ce sont les Forces navales françaises libres. Créées en juillet 1940, elles participent aux côtés des Alliés à différentes actions, comme la bataille de l'Atlantique, avec, notamment, la protection de convois et les opérations de débarquement (Normandie et Provence en juin et août 1944). Trois unités sont faites Compagnon : le sous-marin *Rubis*, la corvette *Aconit*, et le 1er régiment de fusiliers marins. 71 compagnons de la Libération sont issus des FNFL.

Quel est le parcours de la corvette *Aconit*, faite compagnon en 1943 ?

Ce bâtiment des FNFL participe de manière active à la bataille de l'Atlantique, assurant notamment la protection des convois de ravitaillement pour l'Angleterre. Le 11 mars 1943, l'*Aconit* réalise un fait d'arme extraordinaire en coulant en quelques heures deux sous-marins allemands. Le 19 avril 1943, le général de Gaulle décerne la croix de la Libération à la corvette ainsi qu'à Jean Levasseur, son commandant.

QUEL COMPAGNON S'ILLUSTRE LORS DU DÉBARQUEMENT DU 6 JUIN 1944 ?

Philippe Kieffer. Ce banquier devenu commando débarque sur Sword Beach avec ses 176 fusiliers marins commando, les « bérets verts ». Ils combattront durant la bataille de Normandie et contribueront à libérer les Pays-Bas.

La croix de la Libération a été décernée à cinq communes françaises : Nantes, Grenoble, Paris, Vassieux-en-Vercors et l'Île de Sein. Pour quelle raison ?

C'est l'action de résistance menée par une part importante de leurs populations, parfois également victimes d'une répression collective, qui décide de l'attribution de la croix de la Libération à ces cinq communes.

Qui est Pierre-Henri Clostermann (1921-2006) ?

C'est le premier as français de la Seconde Guerre mondiale avec 33 victoires homologuées et 5 probables. De plus, il a détruit 225 camions, 72 locomotives, 5 tanks, 2 vedettes lance-torpilles. Il sert comme pilote de chasse dans le groupe Alsace des FAFL et dans la *Royal Air Force*. Il est fait compagnon de la Libération en janvier 1946. Ses mémoires de guerre, intitulées *Le Grand cirque*, deviendront un des grands succès littéraires d'après-guerre.

Quelles sont les unités des FAFL compagnon de la Libération et leurs unités héritières ?

Escadrille française de chasse n° 1 (1re année de l'école de l'Air), régiment de chasse Normandie-Niémen (régiment de chasse 2/30 Normandie-Niémen), groupe de bombardement Lorraine (escadron de chasse 3/30 Lorraine), groupe de chasse Île-de-France (escadron de chasse 2/5 Île-de-France), groupe de chasse Alsace (en sommeil) et aussi le 2e régiment de chasseurs parachutistes de l'armée de l'air (1er RPIMa).

Après-guerre, de nombreux Compagnons deviendront des personnalités de premier plan. Parmi lesquelles on peut citer :

le général Leclerc de Hauteclocque, Pierre Messmer (ministre et Premier ministre), Jacques Chaban-Delmas, (maire, Premier ministre, président de l'Assemblée nationale), Romain Gary (écrivain, prix Goncourt), André Malraux (écrivain, ministre), René Cassin (prix Nobel de la paix), François Jacob (prix Nobel de physiologie), Jules Saliège (cardinal), Roland de la Poype (inventeur du berlingot Dop et de la Méhari), Jean Rosenthal (président du CRIF).

QUELLE EST LA PARTICULARITÉ DE L'ORDRE DE LA LIBÉRATION PAR RAPPORT AUX AUTRES ORDRES FRANÇAIS ?

C'est un ordre égalitaire. Il n'y a pas de hiérarchie (pas de grades) et, hormis deux exceptions (Winston Churchill et le roi George VI), il n'y a plus d'attribution depuis janvier 1946 : il est « forclos ».

QUI SONT LES CINQ COMPAGNONS DE LA LIBÉRATION QUI REPOSENT AU PANTHÉON ?

Félix Éboué (haut fonctionnaire colonial),
Jean Moulin (haut fonctionnaire),
René Cassin (juriste, prix Nobel de la paix),
André Malraux (écrivain et homme politique),
Pierre Brossolette (journaliste et homme politique).

QUI SONT LES PLUS JEUNES COMPAGNONS ?

Près de 10 % des Compagnons n'ont pas 20 ans au moment de la déclaration de guerre de septembre 1939. Parmi eux, certains ont fait le sacrifice de leur vie, notamment :
Henri Fertet, résistant au sein d'un corps franc, fusillé à 16 ans ;
David Régnier, résistant, fusillé à 18 ans ;
Mathurin Henrio abattu par les Allemands à 14 ans.

Quel exploit le jeune Lazare Pytkowicz a-t-il réalisé entre 14 et 16 ans ?

Arrêté avec sa famille lors de la rafle du Vel' d'Hiv en juillet 1942, il parvient à s'échapper du vélodrome. Agent de liaison d'un mouvement de résistance, il est arrêté en 1943 et il réussit à fausser compagnie à ses geôliers pour reprendre ses activités clandestines. Il est de nouveau arrêté par la Milice en janvier 1944. Lors de son transfert pour la déportation, il réussit à nouveau à s'échapper. Il est fait Compagnon le 17 novembre 1945.

Quel Compagnon a reçu deux fois le prix Goncourt ?

Romain Gary (1914-1980). Originaire de la communauté juive de Lituanie, il est naturalisé français en 1935. Il se choisit comme pseudonyme « Gary », le feu en russe, et s'illustre comme observateur au sein d'escadrilles de bombardement notamment en Libye et sur le front de l'Ouest. Il est le seul écrivain à avoir reçu deux fois le plus prestigieux prix littéraire français sous deux noms différents.

Qui sont les femmes compagnon de la Libération ?

Six femmes reçoivent la croix de la Libération (dont quatre à titre posthume) : Berty Albrecht (1893-1943) qui est inhumée dans la crypte du mémorial de la France combattante du Mont-Valérien, Laure Diebold (1915-1965), Marie Hackin (1905-1941), Marcelle Henry (1895-1945), Simone Michel-Lévy (1906-1945), Émilienne Moreau-Évrard (1898-1971).

POUR QUELLE RAISON SI PEU DE FEMMES SONT COMPAGNON DE LA LIBÉRATION ?

Pour devenir compagnon de la Libération, il faut, dans la grande majorité des cas, porter les armes, ce qui est rarissime pour les femmes à l'époque. Par ailleurs, la société de l'époque ne propose que rarement des femmes pour des décorations, ces dernières étant encore mineures civiques et civiles.

QU'EST-CE QUE LE BCRA ?

Le Bureau central de renseignements et d'action, c'est-à-dire les services secrets de la France libre. Durant la guerre, le BCRA a pour missions de collecter des renseignements, de mener des actions de sabotage et d'évasion, et d'assurer le lien entre la France libre et la Résistance intérieure. C'est l'organisation qui compte le plus grand nombre de compagnons de la Libération : 122 dont 60 sont morts pour la France.

QU'EST-CE QUI DIFFÉRENCIE LOUIS FINET (1897-1976) DES AUTRES AGENTS DE RENSEIGNEMENT DU BCRA ?

C'est un aveugle de guerre. Il a été très gravement gazé en 1918 et a perdu la vue. Malgré ce handicap, ce fils de cheminot remplira de nombreuses missions de renseignements et sera un des résistants les plus actifs de Savoie. Il est fait Compagnon le 17 novembre 1945.

QU'APPELLE-T-ON LA RÉSISTANCE INTÉRIEURE ?

La Résistance intérieure regroupe les différentes formes d'actions contre l'occupant : la propagande, le renseignement, l'évasion, le sabotage et la guérilla. Elle se développe et s'organise progressivement sur le territoire français alors occupé par les Allemands et sur le territoire contrôlé par le régime de Vichy jusqu'à novembre 1942. Parmi les résistants, un peu plus de 300 sont Compagnon.

De nombreux étrangers ont reçu la croix de la Libération. Qui sont-ils ?

On compte 76 Compagnons nés étrangers, représentant 25 nationalités, parmi lesquels des personnalités comme le général américain Eisenhower, le sultan du Maroc Mohammed V, Winston Churchill et le roi d'Angleterre George VI. Pour ces deux derniers, le général de Gaulle fera une exception notable en rouvrant l'Ordre de la Libération en 1958 et en 1960. Près d'un tiers recevra la nationalité française après la guerre.

Que représente la déportation en France occupée ?

Outil principal de la répression de l'Allemagne nazie, la déportation concerne près de 70 000 personnes (résistants, opposants politiques, raflés). Contraints de travailler, de nombreux déportés meurent d'épuisement. Victimes du génocide, 74 000 juifs de France sont, quant à eux, envoyés vers des camps d'extermination, où ils seront majoritairement assassinés dès leur arrivée. 42 Compagnons ont été déportés, dont 3 femmes. 12 ne sont pas revenus.

QU'EST-CE QUE LA MÉDAILLE DE LA RÉSISTANCE FRANÇAISE ?

En 1943, trois ans après la création de la croix de la Libération, le général de Gaulle institue cette décoration pour « reconnaître les actes remarquables de foi et de courage qui, en France, dans l'Empire et à l'étranger, auront contribué à la résistance du peuple français contre l'ennemi et contre ses complices depuis le 18 juin 1940 ». Elle a été attribuée à plus de 65 000 personnes, 22 unités militaires, 18 collectivités territoriales et 15 autres collectivités.

De nombreux médaillés de la Résistance ont connu une carrière de premier plan après la guerre. Sauriez-vous en citer quelques-uns ?

Il y a, par exemple, des écrivains comme Louis Aragon, Georges Bernanos, Albert Camus (prix Nobel de littérature), Paul Éluard et Joseph Kessel ; des artistes comme Joséphine Baker et Pierre Dac ; des acteurs de la vie sociale et politique comme Léon Blum, Gaston Defferre, Geneviève de Gaulle, l'abbé Pierre (fondateur d'Emmaüs), Germaine Tillion.

Combien de compagnons de la Libération ont survécu à la guerre ?

Un peu plus de 700 Compagnons.
270 sont nommés à titre posthume et 50, déjà Compagnons, sont morts au combat ou en service commandé durant le conflit.

Pour quelle raison le Général de Gaulle choisit-il le Mont-Valérien pour créer le Mémorial de la France combattante ?

Ce fort militaire du XIXe siècle sert, durant l'Occupation, de lieu de supplice où les Allemands fusillent plus de 1 000 personnes, parmi lesquelles 7 Compagnons dont Honoré d'Estienne d'Orves. En raison de ce lourd passé, le site est choisi dès 1945 pour devenir le lieu de mémoire des combattants français du second conflit mondial.

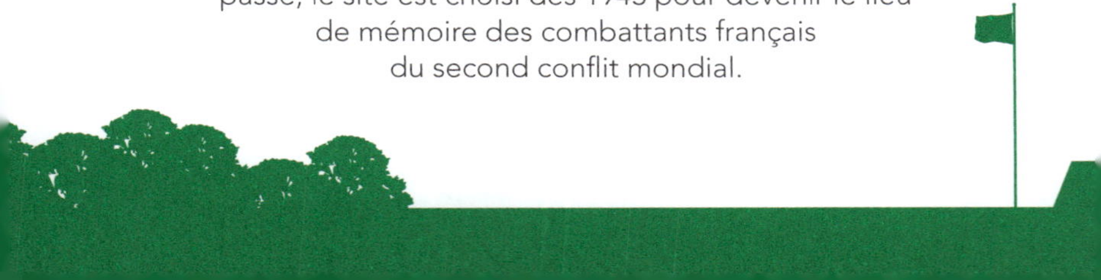

Qui est inhumé dans la crypte du Mémorial du Mont-Valérien ?

17 hommes et femmes qui représentent la diversité des morts pour la France entre 1939 et 1945. Parmi eux trois Compagnons : Alfred Touny, Berty Albrecht et Hubert Germain qui fut le dernier des compagnons de la Libération.

Que peut-on découvrir au musée de l'Ordre de la Libération ?

L'ensemble du musée occupe un espace de 1 200 m² où une exposition permanente retrace l'engagement et le parcours des compagnons de la Libération, de la France libre, de la Résistance intérieure et de ceux qui furent déportés à travers les souvenirs personnels (armes, uniformes, papiers) donnés en grande partie par les Compagnons et leurs familles. Le musée organise également, de manière régulière, des expositions temporaires, des conférences et des projections.

POUR QUELLE RAISON L'ORDRE DE LA LIBÉRATION EST-IL INSTALLÉ SUR LE SITE DE L'HÔTEL NATIONAL DES INVALIDES ?

C'est le choix du général de Gaulle, pour qui les Invalides sont le panthéon de toutes les gloires militaires et symbolisent de manière évidente l'esprit de Défense et de sacrifice.

PIERRE MESSMER, COMPAGNON DE LA LIBÉRATION, OFFICIER DE LA LÉGION ÉTRANGÈRE À BIR HAKEIM, DÉPUTÉ, MINISTRE, PREMIER MINISTRE, GRAND-CROIX DE LA LÉGION D'HONNEUR ET ACADÉMICIEN, N'A SOUHAITÉ FAIRE APPARAÎTRE SUR SA TOMBE QU'UNE MENTION. LAQUELLE ?

Pierre Messmer (1916-2007) – compagnon de la Libération.

QUI FURENT, À PART LA FAMILLE ET LE CONSEIL MUNICIPAL DE COLOMBEY-LES-DEUX-ÉGLISES, LES SEULS INVITÉS AUX FUNÉRAILLES DU GÉNÉRAL DE GAULLE ?

Les compagnons de la Libération.

En une phrase, comment peut-on résumer « L'esprit Compagnon » ?

Le refus de la fatalité.

Petite chronologie de l'histoire des compagnons de la Libération

La France déclare la guerre à l'Allemagne.
3 septembre 1939

17 juin 1940
Discours du maréchal Pétain.

Appel du général de Gaulle.
18 juin 1940

22 juin 1940
Armistice entre la France et l'Allemagne.

Ralliement par la force du Gabon.
12 novembre 1940

16 novembre 1940
Création de l'Ordre de la Libération.

Nomination des 5 premiers Compagnons.
29 janvier 1941

27 mai au 11 juin 1942
Bataille de Bir Hakeim.

Création de la médaille de la Résistance française.
9 février 1943

27 mai 1943
Première réunion (en France occupée) du Conseil national de la Résistance présidé par Jean Moulin.

Arrestation
de Jean Moulin.
21 juin 1943

4 octobre 1943
Libération
de la Corse.

Débarquement
allié à Naples.
22 novembre 1943

30 janvier
au 8 février 1944
Conférence de
Brazzaville.

Création
des Forces françaises
de l'intérieur.
1er février 1944

20 avril 1944
La 1re DFL débarque en Italie.

Le CFLN devient le Gouvernement provisoire de la République française (GPRF).
3 juin 1944

6 juin 1944
Débarquement en Normandie.

Le général de Gaulle revient en France. Discours de Bayeux.
14 juin 1944

1er août 1944
La 2e DB débarque en Normandie.

La 1re DFL débarque en Provence.
15 août 1944

25 août 1944
Libération
de Paris.

8 mai 1945
Capitulation
allemande.

2 septembre 1945
Capitulation
japonaise.

20 janvier 1946
Le général de Gaulle
quitte le pouvoir.

23 janvier 1946
L'Ordre de la
Libération est forclos.

1958
Winston Churchill
est fait compagnon
de la Libération.

1960
George VI est fait compagnon de la Libération (à titre posthume).

18 juin 1960
Inauguration par le général de Gaulle du mémorial du Mont-Valérien.

1967
L'Ordre de la Libération s'installe aux Invalides.

9 novembre 1970
Mort du général de Gaulle.

1970
Ouverture du musée de l'Ordre de la Libération.

2015
Rénovation du musée de l'Ordre de la Libération.

Objets emblématiques du musée de l'Ordre de la Libération

La croix de la Libération

C'est un écu de bronze rectangulaire portant un glaive surchargé d'une croix de Lorraine et, au revers, la devise : *Patriam servando victoriam tulit* (En servant la patrie, il a remporté la victoire). Le ruban de la décoration est vert (symbole de l'espérance) accompagné de bandes noires (symbole de deuil). Il symbolise l'état de la France en 1940. L'Ordre de la Libération comprend un seul et unique grade.

La médaille de la Résistance française

C'est une médaille ronde, en bronze, à la symbolique très simple : une croix de Lorraine, la date du 18 juin 1940 en chiffres romains et, au revers, la devise *Patria non immemor* (La patrie n'oublie pas). Le ruban est rouge et noir, symbolisant le sang versé et le deuil. À l'origine, la médaille est conçue sans grade. Mais, juste après la guerre, on crée un grade supérieur, matérialisé par l'ajout d'une rosette sur le ruban.

XVIII VI.
MCMXL

L'UNIFORME DU GÉNÉRAL DE GAULLE

Cet uniforme de général de brigade est l'unique tenue complète existante du général de Gaulle, sa famille ayant détruit l'ensemble de ses effets personnels après sa mort. Le Général portait cet uniforme dans ses fonctions de président de la République (1959-1969) notamment lors de ses voyages officiels en France ou à l'étranger et lors de crises graves.
(Don de l'amiral Philippe de Gaulle)

ESPÉRER POUR LA FRANCE d'Hubert Germain, Éditions Les Belles Lettres, 2020. Ce livre est le fruit d'entretiens entre le dernier des compagnons de la Libération et Marc Leroy.

DANS L'HONNEUR ET PAR LA VICTOIRE de Jean-Christophe Notin. Éditions Calmann-Lévy, 2021. 366 micro-histoires de Compagnons. L'idée du livre est tirée du compte Twitter de JC Notin, Paroles de Combattants de la Libération.

LES COMPAGNONS DE L'AUBE. ARCHIVES INÉDITES DES COMPAGNONS DE LA LIBÉRATION de Guillaume Piketty et Vladimir Trouplin, Éditions Textuel, 2014.
Cet ouvrage illustré de grand format présente les archives inédites des compagnons de la Libération.

Sur les unités Compagnons aux éditions Pierre de Taillac

13e Demi-brigade de Légion étrangère, La phalange magnifique de la France libre au Mali d'André-Paul Comor et Ludovic de la Tousche, éditions Pierre de Taillac, 2019.

Le régiment de marche du Tchad, des Sables de Koufra aux plaines du Liban d'Éric Deroo, éditions Pierre de Taillac, 2012.

Les Ailes de la Liberté de Max Armanet, éditions Pierre de Taillac, 2019. Richement illustré, ce livre retrace l'épopée dans le désert de l'escadrille française de chasse n° 1.

VÊTEMENTS CIVILS DE JEAN MOULIN

Visibles dans la section consacrée à la Résistance intérieure du musée de l'ordre, ces vêtements (gabardine, écharpe et chapeau) ayant appartenu à Jean Moulin sont ceux qu'il porte sur une photo prise de lui à Montpellier durant l'hiver 1939-1940. Cette célèbre photo est devenue aujourd'hui un symbole de la Résistance intérieure.
(Don de Laure Moulin)

REVOLVER DE JACQUES DE GUILLEBON

Officier proche du général Leclerc de 1941 à 1945, il tenait cette arme réglementaire de son père et l'utilise durant toute la guerre. Lors de la bataille de Normandie, c'est grâce à ce revolver qu'il sauve la vie du général Leclerc en neutralisant deux soldats allemands lors d'une rencontre inopinée sur une route près d'Alençon.
(Don d'Alexandra et Norbert de Guillebon)

Dans la même collection et du même auteur

Le Petit Quizz de Versailles en co-édition avec l'Établissement public du château de Versailles - 2015.

Le Petit Quizz de Marie-Antoinette en co-édition avec l'Établissement public du château de Versailles - 2018.

Le Petit Quizz des Invalides en partenariat avec le Musée de l'Armée - 2020.

Le Petit Quizz de la Marine en partenariat avec le Musée national de la Marine - 2015.

Le Petit Quizz du porte-avions Charles de Gaulle en partenariat avec le SIRPA Marine nationale - 2018.

Le Petit Quizz de la Grande Guerre - édition grand format - 2018.

Le Petit Quizz du Jour-J - édition grand format - 2019.

Le Petit Quizz de Georges Clemenceau en partenariat avec la Mission centenaire - 2018.

Le Petit Quizz de la Police en partenariat avec la Direction générale de la Police nationale / DGPN - 2017.

Le Petit Quizz des CRS en partenariat avec la Direction générale de la Police nationale / DGPN - DC CRS - 2018.

Le Petit Quizz des sapeurs-pompiers de Paris en co-édition avec la BSPP - 2021.

Le Petit Quizz de la 13e DBLE en partenariat avec la 13e Demi-Brigade de Légion étrangère - 2021.

Direction artistique

Illustrations, maquette : Elvire Thonnat et Maxence

Relecture rewriting

Pierre de Taillac

Corrections

Honorine Lecas, Mélanie Lemaire,
Amandine Lemoine, Yves Serruys

Relecture scientifique : Vladimir Trouplin

Remerciements : Guillaume David, François Broche

Tenue de déporté d'Edmond Debeaumarché

Cette tenue rayée blanc et bleu est celle d'Edmond Debeaumarché. Engagé dans la Résistance intérieure dès 1940, il a durant toute l'Occupation un rôle très actif. Il est arrêté le 3 août 1944 par la *Gestapo*, qui le torture et il refuse de parler. Il est déporté le 15 août 1944 dans un des tous derniers convois. Interné à Dora et Bergen-Belsen, il reviendra des camps en avril 1945.
(Don d'Edmond Debaumarché)

L'Ordre de la Libération aujourd'hui

L'Ordre de la Libération est le deuxième ordre national français après la Légion d'honneur. Il a été institué par le général de Gaulle en 1940 pour récompenser les personnes, les collectivités militaires et civiles qui se sont signalées de manière exceptionnelle dans l'œuvre de la libération de la France.

1 038 hommes et femmes, 18 unités militaires et 5 communes ont reçu la croix de la Libération.

L'Ordre a pour mission principale de faire vivre la mémoire des Compagnons et des médaillés de la Résistance et de transmettre leurs valeurs à tous, principalement aux jeunes générations.

Ces valeurs sont : la défense de la liberté, des principes démocratiques et républicains, l'engagement volontaire et le don de soi qui forment encore aujourd'hui la base de la citoyenneté pour l'unité de la Nation.
Aujourd'hui plus que jamais, l'Ordre de la Libération souhaite développer l'esprit de Défense auprès des jeunes pour que jamais ne s'éteigne la flamme de la Résistance et que les valeurs de l'Ordre ne disparaissent pas avec le dernier Compagnon.
C'est pourquoi l'Ordre de la Libération, situé dans l'Hôtel national des Invalides à Paris, multiplie les initiatives en s'appuyant notamment sur les ressources de son musée, pour faire découvrir l'histoire des Compagnons et des médaillés de la Résistance.

AFCL

Association des familles de compagnon de la Libération

L'AFCL a été créée en 2003. Forte de plus de 400 adhérents actifs, elle a pour objet de réunir l'ensemble des descendants, parents ou représentants des 1 038 compagnons de la Libération (personnes physiques) afin de perpétuer et de mettre en valeur la mémoire individuelle et collective ainsi que l'action de chacune de ces femmes et chacun de ces hommes qui sont l'honneur de la France.

SAMOL

Société des amis du musée de l'Ordre de la Libération

La société, régie par la loi 1901 et reconnue d'utilité publique, a pour but de promouvoir la connaissance du musée de l'Ordre de la Libération, afin d'en accroître le rayonnement en France et à l'étranger, favoriser l'enrichissement de ses collections en suscitant des libéralités ou des prêts gratuits et procurer les concours nécessaires à certaines acquisitions, restaurations ou réalisations.

Les médias de l'Ordre de la Libération et de son musée

Site web : ordredelaliberation.fr

Facebook : @ordredelaliberation

Instagram : ordredelaliberation

Twitter : @O2LaLiberation

YouTube : Ordre de la Libération

LinkedIn : Ordre de la Libération - Hôtel des Invalides

Imprimé en France par Graphius

Dépôt légal : octobre 2021
ISBN : 9782364452015